이 풍경에서
이제 나는 지워지려 한다

이 풍경에서 이제 나는 지워지려 한다

초판 1쇄 인쇄 2010년 03월 25일
초판 1쇄 발행 2010년 03월 30일

지은이 I 김길종
펴낸이 I 金泰奉
펴낸곳 I 도서출판 띠앗
등 록 I 제4-414호

편 집 I 박창서, 김주영, 김미란, 이혜정
마케팅 I 김영길, 김명준
홍 보 I 장승윤

주 소 I (우143-200) 서울시 광진구 구의동 243-22
전 화 I (02)454-0492
팩 스 I (02)454-0493
이메일 ddiat@ddiat.co.kr
홈페이지 www.ddiat.co.kr

값 7,000원
ISBN 978-89-5854-074-8 (03810)

이 풍경에서
이제 나는 지워지려 한다

김길종 시집

도서출판 띠앗

시인의 말

지렁이는
좋은 흙이 지나가는 길이다
이제 나도
좋은 시가 밟고 지나가는 길이 되었으면 한다

오랜 타관의 삶을 접고
제석산 기슭에 텃새로 눌러앉으면서부터
무시로 아무데서나 각혈처럼 넘어오는
시 때문에 많이 당황하였다
스물 안팎에 도망쳐 나와
이제는 아주 멀리 왔지 싶었던
시라는 불잉걸이 아직도 내 안에
이리도 뜨겁게 이글거리고 있었다니

그러나 어쩌랴
시간으로 치자면 뉘엿뉘엿 해가 기우는
장이 파할 무렵의 오일장터에
보퉁이 하나 둘러메고 뒤늦게 다다른
초라한 장꾼의 심정이라고나 할까

유행 지난 옷을 입고 뒤늦게 벌인 좌판에
작은 카바이트등 하나 켜본다
아름다운 이들과의 소통을 믿으며

제석산 기슭
청산 별가에서
김길종

목 차

2.

3.

4.

1

살며 사랑하며 괴로워하던
아름다운 사람이여
나지막이 부르고 싶은 이름이여
너에게서 나를 지울 수 있는 것은
오직 네 눈물뿐
그 눈물의 힘을 믿는다

해질녘

들판에서 풀을 뜯던 소들이
저녁 짓는 연기를 따라 집으로 가듯이
해질녘에는 왜
어디든 돌아가고 싶은 것일까
온종일 펄럭이던 허전한 깃발을
아무 데나 기대고 싶은 것일까
바람을 따라 자유롭게 돌아다니다가도
때 되면 소들이 외양간에 들어서듯이
해질녘에는 왜
어디든 갇히고 싶은 것일까
마음의 고삐는 어둠에 묶어 두고
쓸쓸한 하루를 되새김질하고 싶은 것일까

돌아오는 비

비가 돌아오네
온종일 바다에서 파도소리에 젖어 있던
사내가 긴 장화에 질척질척 어둠을 신고
비가 되어 집으로 돌아오네
아내가 빗방울로 빨랫줄에 맺혀 있는
따뜻한 불빛의 처마 밑으로 돌아오네
마주 손잡으면 금세 한 몸이 되어
눈망울을 키우는 빗소리
안개를 떠메고 신새벽 집을 나선
사내가 굵은 빗방울이 되어
추적추적 소리 높여 집으로 돌아오네
소쿠리 가득 은빛으로 퍼덕이는
먼 바다의 파도소리를 짊어지고

나뭇잎에 대한 기억

너는 내게 속마음을 들키고 싶었던 게다
그래서 손바닥을 내밀어 보였던 게다
손금의 여울을 흘러내리는 차고 맑은 물
그 물속에 비치는
붉고 고운 단풍을 들키고 싶었던 게다
단풍 너머에서 기다리는 눈 덮인 마을의
쓸쓸한 풍경까지 들키고 싶었던 게다
그 마음 한 구절도 읽어 내지 못한 채
돌아서는 내게 너는
그래서 서운한 눈짓을 오래오래 흔들고 있었던 게다

커피 한 잔

커피 한 잔
같이 마시고 싶은 사람이 있다
지독한 외로움으로
눈사람같이 뭉쳐진 그 사람
따스한 커피 향으로 녹여 주고 싶다
낙엽이 뒹구는 도시의 변두리
한적한 노천카페 목조의자에 앉아서
커피 한 잔 앞에 놓고
오래오래 말없이 석양만 바라보고 싶은
그리운 사람이 있다

기념촬영

괜찮은 풍경으로 배경을 고르고
과녁을 이리저리 배열한 다음
사수는 방아쇠에 검지손가락을 걸고
잠시 숨을 멈춘다
탕!
산골짜기에 총성이 울려 퍼지고
한순간이 포획되어
마지막 숨을 몰아쉬며 퍼덕인다
V자를 그리며 표적지에 늘어섰다가
깔깔대며 풍광 밖으로 걸어 나오는 과녁들
가슴에 뻥 뚫린 한 발씩의 총탄 자국이 선연하다

퇴근길

이제 그만 놓아 주거라
청개구리에게는 네 손바닥이
뜨거운 불구덩이란다
어린 날 청개구리와 놀고 있는 나에게
할머니는 조용히 타이르셨다
여보게, 이제는 그만 나를 놓아 주게나
퇴근길 밤늦은 지하철역에서
석간신문 옆에 끼고 안경을 닦으며
쉰 살의 내가
나에게 나직이 중얼거린다

반딧불이

언덕에서 누가
별을 던지고 있다
금방 소쿠리에 가득한 별들
일제히 하늘로 날아오른다
옥수수 알처럼 촘촘히 어둠 속에 박혀서
밤하늘에 작은 영토를 반짝이는 별
천년 전에도 그랬던 것처럼
별들이 별을 던지고 있다
풀섶에도 나무 위에도
지상에서 떠올라간 그리운 이들의
이름을 자꾸만 던지고 있다

돌 담

돌담을 쌓아 본 사람은 안다
크고 작은 돌들이 그 쓰임새대로
어떻게 제자리를 찾아드는지
아무리 하찮은 돌일지라도
쓸모없는 돌은 세상에 없다는 것

돌담과 살아 본 사람은 안다
야트막한 담 위에 어깨를 기댄
감나무 가지가 이웃으로 붉은 감을 건네고
돌과 돌 사이를 무시로 바람이 드나들 듯
따뜻한 떡 접시가 넘어 다니는
돌담은 사람과 사람의
집과 집의 경계가 아니라
세상에서 가장 큰 길이라는 것

돌담을 허물어 본 사람은 안다
긴 세월 앞에서도 무너지지 않을 것같이

완강해 보이는 저 돌담의 하루하루는
크고 작은 돌들이 서로의 체온을 보듬고
외로움을 견디는 적막한 섬이라는 것

단 풍

저 무성한 잎새들
단풍 들어 한동안 생각이 깊었다가
세상의 겨울을 향해 우수수 진다

눈 덮인 낙엽 아래서
숨죽이고 겨울을 건너가는
작은 목숨들에게
나뭇잎 한 장보다 더 따뜻한 세상은 없다

우리들의 세상은
보이지 않는 목숨들이 서로를 보듬고
지탱해 나가는 것
우리가 그들을 지키는 일은
스스로를 버려서 세상을 덮는 것
그렇지 않고서 온전히 무엇을 사랑했다 하리

가을비 그친 뒤에는

우리 모두 말없이 단풍이 들자
저마다의 마음을 단풍으로 물들이자
그리고
저 겨울을 향해 일제히 지자

매미가 우는 동안

삼월을 써레질하여
못자리 짓는 무논의 아침에서
감잎사귀 곱게 물든
햅쌀밥의 저녁까지
인생은 금방 한 달음박질이다
그 사이 한여름의
뙤약볕을 매미가 자지러지는 동안
아, 목청껏 울고 간 당신
겨우 한순간을 사랑했을 뿐인데도
날이 갈수록 매미 허물같이 투명하게
서늘한 가슴을 옥죄어 드는
내 생애 단 한 번 뜨거웠던 사람아

풀을 베다

풀을 벤다
예리한 낫에 순순히 온몸을 내어 주면서
주르륵 흘리는 초록
맑은 시냇물 소리가 난다
풀을 벤다
풀잎 하나 오지랖에 붙어
파르르 떨다가 날아간다
슬쩍 내 심장을 베고 가는
이 단순한 저항이여
풀을 벤다
의지한 허공을 꼭 제 뿌리의 넓이만큼만
경작하는 풀
그 풀의 허공을 베고 있다

저녁 어스름

어두워져야 보이는 것들이 있다

어두워져야 눈 뜨는 것들이 있다

어두워져야 자라는 것들이 있다

어두워져야만 꽃피는 것들이 있다

어두워져야만 빛나는 것들이 있다

아아, 어두워져서야 그리운 것들이 있다

아침의 숲

눈물은 이슬보다 차다
이 숲에 와서
해묵은 거름을 져다 부리듯
너에 대한 기억을
저 나무들의 양식으로 묻는다
우리의 식은 가슴을 떠나
날마다 짙어 가는 푸르름으로
이 숲에서 잘 살아가라고
한 삽 한 삽 공들여 묻는다
세상에서 가장 고운 마음으로
우리가 나눠 쓴 시간들은
서운한 눈으로 흙 밑에 눕는다
잘 가라 사랑이여 사랑의 기억이여
이 숲에 오래 남아서
질기디질긴 그리움으로 남아서
비 오는 날 산안개로 내려오거나
아침 이슬로 숲을 푸르게 적시거라
눈물보다 더 차가운

빨간 자전거

바닷가 우체국 앞
정자나무 그늘에 굽은 등을 기대고 서서
빨간 자전거는
오래 전에 퇴역한 동그란 뿔테 안경과
배불뚝이 가죽가방의 행방이 궁금하다
파도는 날마다 먼발치 백사장에
배달할 하루치의 그리움을 은빛으로 밀어다 놓는다

동 행

기러기 떼가 날아간다
하늘이 뒤쫓아 간다

해 질 무렵까지의
외로운 동행

문득, 기러기 떼가 사라진다
하늘이 한 걸음 앞질러간 것이다

이 풍경에서 이제 나는 지워지려 한다

들판에 창궐하던 새 떼는 숲으로 돌아가고
강가에 미루나무 한 그루
얼마 남지 않은 잎새를 등 뒤에 감춘 채
아직도 생각이 깊다
늦가을 어스름의 고삐를 잡고
강을 거슬러 오르는 안개가 이곳에 다다르면
암 병동 302호 흐린 창가에
너를 그리워하며 우두커니 서 있는
이 쓸쓸한 풍경도 조금씩 지워지리라
모든 빛과 소리가 묻혀 버린
적막한 그곳의 배후를 나는 알지 못하나
외로운 날들의 끝에는 어딘가에
새로운 세상이 있음을 나는 믿는다
살며 사랑하며 괴로워하던
아름다운 사람이여
나지막이 부르고 싶은 이름이여
너에게서 나를 지울 수 있는 것은

오직 네 눈물뿐
그 눈물의 힘을 믿는다
안개 속으로 천천히 사라지는 미루나무 한 그루
빈 가지가 어둠이 오는 곳을 향하여 귀를 세우는
이 풍경에서 이제 나는 지워지려 한다

어성초

누가 들판에 초록 보자기를 펴고
수만 개의 흰 접시마다
노란 촛불을 한 개씩 켜 놓았나
누가 촛불 사이로
건강한 비린내를 흔들며 떼 지어 다니는
물고기들을 풀어 놓았나
세상의 어떤 바람 앞에서도 당당한
저 촛불, 촛불들
시위처럼 피는 유월은 그믐밤도 환하여라

옥탑방

어느 거인이 담배 한 대 피워 물고
성냥갑을 옥상 위에 놔두고 갔나
빨간 유황골을 머리에 눌러 쓴
성냥개비 하나가 빨랫줄에 겨울 햇살을 널다 말고
연탄재를 담아 철계단을 내려간다
거인은 언제쯤 돌아와
따스한 저녁을 다시 환하게 켜나
슬래브집 옥상 위에 불편하게 쪼그려 앉은
저 유엔성냥 한 갑

지 게

지게에 나를 지고
한밤에 산으로 가네
가시덤불이 길을 막는 호젓한 산중에
날마다 져다 부린
내 안의 나는
길섶의 풀꽃으로 흔들리기도 하고
더러는 나뭇잎으로 반짝이기도 하네
아침에 빈 지게로 집을 나서서
해종일 헛웃음을 져 나르다가 총총히 돌아오는
석양의 지게 위에 한 가득 칡넝쿨로 얽힌 울음들
얼마나 나를 더 져다 부려야 어둠이 걷히리
산다는 것은
한밤에 져다 부린 울음들이 자라서
울창한 숲으로 일어서는 것
지게에 눌려 활처럼 굽은 내 등이
날마다 빈 시위를 당겨
돌아오지 않는 메아리를 허공에 날려 보내는 것

지게에 얹힌 하루치의 무거운 나를
아무도 모르게 져다 부리고
빈 지게로 또 하루를 살아내는 일이네

내 마음의 오두막집

사나흘 걸어가면 가 닿으리
호박잎에 빗방울 구르는 마을
뻐꾸기 숨어 우는 산그늘에
그리움을 묻어 두고 남 몰래 떠나온 그곳
삼간초가 오두막집이 뒷동산에 등을 기대고
고즈넉이 엎드려 늙어가는 곳
길짐승 날짐승 왁자지껄 모여들어 오일장이 서는 곳
은행나무 잎 지는 햇살 아래
된장독 홀로 생각이 깊어가는 늦가을
저녁마다 추녀 끝에 등불을 내다 걸고
눈 먼 아낙이 바람결의 소식을 기다리는 곳
첫눈 오겠네 들새 울음이 대숲을 흔들면
저문 강 은어 떼가 저 태어난 골목길로 다시 돌아오는 곳
아아, 끝내 젖은 눈으로
지친 내 영혼이 잠들 곳
더듬이로 더듬어 가도 사나흘 거리

눈 감고 걸어도 가 닿으리
호박잎에 빗소리 모이는 마을

수몰

늦가을 탐진호
물빛이 불그레하다
저 깊은 물 속에는
잔칫날 환히 등불을 매달 듯
늙은 감나무가 아직도
낭창낭창 가지 휘어지도록 홍시들을 붉게 켜 놓고
누군가를 기다리고 있는 것이리라
한 생애 굽이굽이 외진 길을 돌다가
어쩌면 수몰된지도 모르는 채 고향길을 찾아 나섰을
이제는 머리 하얀 아들을 기다리는
구순의 어머니처럼
탐진호 물주름이 불그레하다

오동도

동백을 시누대 숲으로 불러낸 것은
저 푸른 달빛이리라
그래서 동백꽃은 더 붉었으리라
벼랑 끝에 먼 바다를 끝없이 져다 부리는 저 파도는
언덕 위의 등대가 짐짓 손짓하여 불렀으리라
그래서 파도는 더 희게 부서지며
스스로의 울음을 밀고 끄는 것이리라
떠나도 그립고 돌아와도 그리운 곳
모두들 그렇게 청맹과니 사랑을 남기고 갔으리라
사람아, 눈빛 고운 사람아
이곳에 오거든 아무것도 묻지 말아라
그 누구를 기다리지도 말아라
그냥 가슴속에 백년의 그리움으로 지닐 일이다
그래서 저 동백꽃은
봉오리째 온몸을 투신하여 지는 것이다
초라하지도 서럽지도 않게

목 련

지난밤 꿈에
고운 티 가시지 않은 젊었을 적 어머니
흰 버선발로 다녀가신 뒤
온종일 장독대에 내리는
자박자박 고무신 발자국 소리
문 열고 내다보니
젖비린내 훙건한 봄비가
앞뜰 목련가지 꽃눈마다
커다랗게 부풀어 오르고 있네

2

별들이 추녀 끝을 지나갈 때
물고기 비늘 하나 반짝이며 떨어지는 소리까지
귀를 열어 듣고 있을 그대여
언젠가 한 번은 나도 그대를 향해
세상에서 가장 깊은 풍경소리로 울겠네
적막한 그대 문을 힘껏 두드리겠네

연 필

눈 오는 날은
다 닳은 연필을 뾰족하게 깎아
그리운 사람에게 편지를 쓰리라
침 묻혀 꾹꾹 눌러 쓴 편지는
싸락싸락 눈 내리는 저녁을 건너서
우표 없이도 그 사람을 찾아가리라
그 집 앞 어둠 속의 초인종을 누르다가
눈길을 말없이 돌아오는 밤에도
나는 오래오래 연필을 깎으리라
몽당연필같이 다 닳은
그리움을 뾰족하게 깎으리라

장 마

아침에 남긴 밥을
물에 말아 찬밥으로 점심을 먹는다

외로움 한 술 넘길 때마다
골안개가 피어올라 들판으로 내려오는 것이
어제 그만 둔 사랑을
오늘 다시 하려는지

초록은 초록에 지치고
비가 비에 지치는
오락가락 변덕스런 네 마음에
이제는 나도 지쳤는지

눅눅한 가슴을 덥혀 보려
아궁이에 군불을 지폈으나
고독이 뼛속까지 깊이 스며들었는지
장작은 타다 말고
매캐한 연기만 한숨처럼 토해 낸다

자전거

누군가 그리운 날은
자전거를 타자
자전거는 바람보다 빨리 달린다
하늘이, 가로수가
쏜살같이 다가와 등 뒤로 사라진다
지나간 것들은 다 그리움이다
그리운 것들은 언제나
보이지 않을 만큼의 뒤쪽에 있다
그리운 사람은
등 뒤에서 자전거와 함께 달린다
바람보다 아니
그리움보다 빨리 달린다

의 문

강물에 손가락으로 글씨를 쓴다
이 글은 떠내려가는 것일까
그냥 가라앉는 것일까
다시 건질 수도 있는 것일까

물 위를 맴돌던 송사리 몇 마리
글씨를 물고 유유히 햇살 속으로 사라진다

메아리

그립다!
그립다고 외쳤더니
숲에서 하늘 가득
새 떼가 날아올랐다

풍경소리

바람이 일어야 풍경이 울 것이나
내 마음은 늘 적요하여
그대에게 맑은 풍경소리 한 번 들려주지 못했네
풍경이 울어야 바람이 온 줄 알 것이나
그대는 늘 고요하여
발자국 소리 하나 들리지 않게 내 잠 속을 다녀가네
별들이 추녀 끝을 지나갈 때
물고기 비늘 하나 반짝이며 떨어지는 소리까지
귀를 열어 듣고 있을 그대여
언젠가 한 번은 나도 그대를 향해
세상에서 가장 깊은 풍경소리로 울겠네
적막한 그대 문을 힘껏 두드리겠네

연 못

물총새가 잽싸게
송사리 한 마리 건져 물고
허공으로 날아오르자
이내 징처럼 울음보를 터뜨리는
무한사 극락전 앞 수보리 연못
수십 가닥 둥근 중심에
송사리 그림자가 제 빈자리를
오래도록 흔들고 있다

그림자

해 질 무렵에는
그림자가 나보다 앞서 걷는다

십이 간지가 한 바퀴 돌고나서야
비로소 뉘엿뉘엿 보이는 지평선

아버지와 어머니가 저물어 간 들판에서
어느새 나도
소리 없이 그림자가 길어졌음을 알겠다

가을의 식탁

호두나무 밑 목조식탁에 풍성하게 가을을 차려 놓고
우두커니 앞산을 바라본다
그리운 사람은 너무 먼 곳에 있고
재잘재잘 두레상에 모여 앉던 조무래기 시절이
몰래 돌이라도 던진 것일까
혼자서 밥을 먹을 때면 자주
유리컵에 쩌억 쩍 외로움의 금이 가곤 한다
새벽부터 황톳길을 오가며
투덜투덜 볏가마를 실어 나르던 낡은 경운기 소리가
도랑물에 손 씻고 잠잠해질 즈음
문득, 나무 위에서 누가 잎사귀를 푸덕거린다
고개를 갸웃거리며 식탁을 내려다보는
낯익은 청설모 두 마리
오늘 아침은 셋이서 이 가을의 성찬을 들기로 한다

낮 달

해질녘 남쪽 하늘에
흰 연 하나
바람길을 따라서 걸어가고 있다
구부러진 늙은 손이 얼레를 붙들고
타관을 오래도록 떠돌고 있는
그리움을 감았다가 다시 풀어 놓는다
가는 연줄에 매여 있는 내 유년이
고향 가까이 바짝 당겨졌다가
지금 막 놓여나는 중이다

골목의 기억

창밖 골목길에
먼지들이 하얗게 떠들며 지나간다
학교에서 돌아오는 아이들은
한 움큼의 햇살에도 깔깔대며 반짝이고
몇 개의 빗방울에도 재빠르게 끼리끼리 뭉친다
왁자지껄 상큼한 풀냄새를 짓이겨 놓고
모두들 집으로 돌아간 혼자 남은 골목길
아이들이 벗어 놓은 하루치의 먼지는
그날의 기억을 챙겨 들고 어둠의 신발 밑으로 숨는다
오래 전에 내가 잃어버린 별들은 지금도
저렇게 창밖에서 뽀얗게 떠돌고 있다

낙엽을 태우며

늦가을 저녁에
뜰에 나와
수북이 쌓인 네 편지를 태운다

쓸쓸한 연기로 피어오르는 너는
며칠 밤을 지새워도 못다 읽을
온몸이 기나긴 편지다

이제는 더 이상
네 편지를 읽지 않겠다고 작정한 가을이
서른 해도 전이었으나 아직도
나는 네 편지를 불살라 밤하늘에
별빛으로 심는 일을 되풀이하고 있다

바람이 재를 뒤적거리며
타나 남은 사연을 읽고 있는
저녁의 뜰에서

봄 날

마당가에 솥을 걸고
누가 아지랑이를 끓이고 있다

개나리꽃 그늘에 병아리는 풋잠이 들고
토담을 넘어온 어린 찔레순
바람이 스치기만 하여도
연둣빛 핏물이 밸 것 같다

점심녘 밭에서 돌아오신 어머니는
옷자락에 묻어온 나른한 햇살을 털고
그리움이 절절 끓는 가마솥에
수제비처럼 슬픔을 뚝뚝 떼어 넣으신다

먼지가 놀다 간 툇마루에서
선잠 깬 어린 내가
두견새처럼 꺽꺽 울음을 삼키는 봄날

선창가 여인숙

파도소리에 발 묶여 이 밤을 지샌 뒤
내일 아침 첫배로 흔적도 없이
당신이 나를 떠나고 나면
거적에 덮여 가는 퉁퉁 불은 시신 한 구
꺽꺽 울음 삼키는 말 못하는 아낙처럼
한적한 선창가는 오래오래 처연하리라
썰물 진 갯벌을 찾아오는 투구게처럼
잠깐씩 마음 붙였다 떠나는
수많은 나의 당신들
그 바람이 들고 나는 내 처마 밑은
세상의 작은 구멍이었네

단풍을 듣다

한밤에 단풍 드는 소리를 듣는다
가을밤의 나무들은
무대 뒤에서 의상을 갈아입는 배우들처럼 분주하다
단풍 드는 소리는
낡은 풍금소리 같은 풀벌레 울음과
어둠을 뒤척이며 잠 못 드는 강물을 따라온다
단풍드는 소리는
오페라가 끝날 무렵 배우들의 합창소리에 절정을 맞는다
요란한 박수소리와 탄식의 뒤로 막이 내리고
흩어진 배우들이 화장을 지운 후에
생은 또 계절의 한 장막을 내린다
날마다 먼동이 트면 나무들이 짙은 화장을 하고
고별무대에 오른 늙은 배우처럼
공손히 아침을 맞는 잔잔한 박수소리를 듣는다

등

사람의 등이 얼마나 따스한지
또 얼마나 아늑한지는
등에 업혀 본 사람은 안다

사람의 등이 얼마나 차가운지
또 얼마나 매정한지는
돌아서는 뒷모습을 지켜본 사람은 안다

따스하게 업어 주지 않았어도
뜨겁게 업히지 않았어도
누구에게나 훌쩍 등지지는 말 일이다

낙엽 지는 가을날은
석양을 등지고 홀로 걷는 이에게
가만히 등을 내어 주고 싶다

숨바꼭질

너는
잠자리 꽁무니를 피해 다니는
바람이 되어라

나는
이 자리에서 언제나
착한 술래가 되겠다

숨어서 너는 보이지 않지만
나는 안다
네가 어느 꽃그늘에 숨어드는 것을 좋아하는지
그 꽃 아래서 얼마나 행복해 하는지
잠시일지라도 그 시간을 얼마나 즐기는지

그래서
부러 너를 찾아내지 않겠다
나는 언제나
너의 술래로 오래 남겠다

여로의 책

생각을 단단히 조여 맨 배낭은
선반 위에 얹어 놓고 팔짱을 끼고
시선은 되도록 먼 곳에 둘 것
열차가 풍경을 하나씩 뒤로 밀어 놓을 때마다
여로의 책장도 한 장씩 넘어간다
오늘은 종착역까지 남행하는 것이므로
북상하는 개화가 멈춰서서 한 이틀 쉬어 가지 않는다면
어수선한 파장의 꽃잔치를 소문으로 만날지도 모른다
용산에서 여수까지 444페이지
침 묻혀 꼼꼼히 넘기다 보면
파도소리가 발목을 적실쯤의 저녁에
열차는 플랫폼에 스르르 몸을 풀고
어둠이 다가와서 책을 덮는다
읽고 온 이 책은 내일이면
또 누군가가 마지막 페이지부터 다시 읽어갈 것이다

은빛 자전거

낮에는 햇살이 바퀴를 돌리고
밤에는 달빛이 돌린다
앞바퀴는 인생의 길을 잡고
맵고 짠 살림살이는 뒷바퀴 몫이다
앞서거니 뒤서거니 하지도 않고
꼭 그만큼의 거리를 두고 오래도록 달려왔구나
은빛 노래를 반짝이며
황혼에도 서두르지 않고
미루나무 둑길에 오늘도 자전거 간다

염 전

바다를 길어 올려 햇볕에 널어 말리고
달빛으로 다듬이질하여 곱게 펴 주었네
외딴섬 아낙들의 옥양목 흰 빨래는
날마다 염창에 소복소복 쌓이고
그 안에 푸른 별이 둥지 트는 초저녁
뒷짐 지고 염밭에 나서면
초승달이 가파르게 흰 등으로 갯벌에
또 하루치의 먼 바다를 져다 부리고 있네

가을, 바닷가 횟집

물고기를 따라온 갯바람이 단풍잎을 흔들자
횟감을 뜨는 나무도마에 붉게 단풍이 번진다
둥근 달 접시 위에 염습을 마친 채 가지런히 누워 있는
바다의 속살은 생각이 깊다
누구든지 마지막 순간은 이리도 적막하리라
파도를 안주 삼아 소주잔을 기울이는 동안에
비린 몸뚱어리 하나 적선하듯 내어 주고
물고기는 다시 푸른 지느러미를 흔들며
자신의 바다로 유유히 돌아갔으리라
동무 잃은 갯바람이 허둥허둥 뒤쫓아 나가다가
꽈당 문지방에 걸려 넘어지자
뜰 앞에 단풍나무 서너 그루
화들짝 놀라 또 얼굴이 붉게 물들었다

석양 만가

누군가 매몰차게 내 등을 떠민다 해도
차마 나는 못 건너겠네
펄펄펄 흩날리는 흰 나비 떼가
눈물나서 이 저녁을 나는 못 건너가겠네

둥둥 북소리가 징징 징울음이
갈 길을 재촉해도 나는 그냥 주저앉겠네
강가에서 자갈로 천년을 구르라 해도
저린 오금을 끝내 펴지 않겠네

지다 만 꽃이며 울다 만 울음들을
또 어쩌라고 지는 해는 저리도 성화인 것인지
강을 사이에 두고 삿대 짚어 물길 하나 넘는 일로
생을 가른다면 그것이 서러워서 나는 못 가겠네

사공이여, 강 건너 마을의 늙은 사공이여
한 번쯤은 빈 배로 떠나시라

걸머진 바랑도 없이 다시 이 강가에 서는 날은
손사래 친다 해도 나룻배에 훌쩍 오를 것이니

벽제에서

굴뚝을 빠져나가는 순간
연기는 바람보다 자유롭네
헝클어진 실타래 속의 전생 금생 다 자르고
머리 푼 욕망 넘치게 담아놓은
그릇 송두리째 엎질러 빈 후에는
저리 홀가분할 수밖에
햇살보다 환할 수밖에는 없겠네
마른 통나무 하나 익숙하게 화구에 밀어넣고
늙은 화부는 하늘 향해 무심히 담배를 피우네
굴뚝이 없어 돌아가지 못하고 향불처럼
슬픔의 주변을 배회하는 담배연기를
화부는 손사래 쳐 멀찍이 밀어놓네

3

잊지 말자, 영원히 잊지 말자
할 말이 잊지 말자는 그 말뿐임을
너도 알고 나도 안다
그러면서도 서로가 서로의 눈에서 멀어질 때까지
입버릇처럼 한사코 되뇌이는구나 우리는
잊지 말자, 잊지 말자고

거울 속의 꽃

바람에 흔들리며 피는 꽃이
눈물겹지 않은 것이 어디 있으랴
터지는 울음을 안으로 가두어
무색의 향기로 햇빛을 가린 채
꽃은 꺾이지 않으려고
넘어지지 않으려고 스스로 흔들린다
우리들 저마다의 거울 속에는
살아가는 아픔마다 꽃이 있고
꽃은 피기 위해
한 세상 꽃답게 지기 위해
조용히 저를 흔드는 것이다

대장간의 하루

목탁을 두드리듯
닫힌 마음을 두드리는 일이다
강하면 부러지고 무르면 휘어지는
한 세상 쇠의 마음에 허리춤을 붙들려
화덕 속에 녹인 날들이 억새꽃 가득하다
슬픔의 풀무질이 열반에 들 즈음에야
비로소 문을 열어 두드림을 받아들이는
쇠의 시간을 듣고 나며
하나의 시우쇳덩이가 호미와 낫으로 태어나기까지는
천 도 화염의 다비를 견디는
아홉 겁 윤회를 지나야 하는 것이다
돼지기름 태우는 사람들의 저녁에도
얼어붙은 초승달의 근육을 두드려 피를 돌리는
쟁강쟁강
쇠와 소리의 경계를 건너가는 해머의 울음은
쇠의 가슴속에 묻혀 있는
천 년의 어둠을 채굴하여 빛으로 녹여내는 것이다

딱따구리가 온몸으로 나무의 가슴을 두드리듯
대장간의 하루는
쇠의 닫힌 마음을 열어가는 일이다

가을의 병동

추수 끝난 들판에 우두커니 서서
가을이 누군가를 기다리고 있다
기러기 떼가 아직은 높이 나르는 것으로 보아
북극을 떠난 겨울은 지금
시베리아 툰드라지대 어디쯤을 지나고 있는 것일 게다
병이 깊어 갈수록 마음은
그리움의 뼈가 투명하게 들여다보인다
생의 마지막을 끊어질 듯 울고 있던
풀벌레 울음이 더 이상 들리지 않는 날은
어느 병실 누군가가 세상과 소통의 끈을 잘랐으리라
한때 뜨거웠던 사랑도
거리에 가득하던 열정의 함성도
시간의 막다른 골목에서는 저리 순한 눈을 하고
서로의 상처와 서로의 허물과 서로의 쓸쓸함을
덮어 줄 첫눈을 기다린다
가을 들판에서 거두어들인
슬픔의 낱알만이 우리들의 몫일 뿐

내려다보이는 작은 정원에는 들국화 몇 송이가
세상에서 가장 아름다운 작별을 준비하고 있다

횡단보도에서

신호를 기다린다
출발선에서 도착선까지의 거리를
아는 사람은 아무도 없다
카운트다운, 정해진 시간 안에
이 해협을 건너야 한다
잠시 숨을 멈추고 있는 저 물결은
몇 초 후면 다시 미친 듯이 밀려갈 것이다
살아남는 것이 기록일 뿐
목숨 건 항해에서 기록은 중요하지 않다
같이 걷다가 헤어지고 마주 오다 스쳐 지나가는 사람들
그들이 누구인지는 인생에서 중요하지 않다
오로지 주어진 시간 안에 주어진 거리를 가야 하는 것
목숨의 초시계는 이미 카운트다운 되어 있다
살아가야 할 거리는 멀고 주어진 시간은 많지 않다고
아무리 불평해도 소용없다
푸른 신호가 들어오면 무작정 건너가야 하는 것이다
우두커니 서서, 휠체어에 앉아서, 자전거를 끌며

수많은 얼굴, 수많은 생각들이 출발선에 늘어서서
강 건너 저 편을 응시한다
하루에도 수십 번씩 횡단보도 앞에서
목숨 걸고 신호를 기다린다

폐교에서

멈춘 시간의 기억을 감금한 채
자물쇠가 완강하게 팔짱을 끼고 있는 쇠철문을 지나면
담장가 측백나무숲 그늘에 소나기처럼 몰려다니던
찌르레기 떼들은 종적을 감추고 없다

흙먼지 날리던 아이들의 합창소리는
멀리 강 하구로 떠내려가고 운동장에
암모나이트화석처럼 어지럽게 박혀 있는 조그만
발자국들이 찰박찰박 흙탕물을 튀기며 가을을 기다린다

현관의 괘종시계는 풀린 태엽을 말아 쥐고
어느 날의 다섯 시에 닻을 내렸다
교실 천장 위에 숨어 있던 풍금소리가 복도를 어슬렁거리며
먼지 쌓인 몇 개의 건반을 누른다

키 큰 여름이 놀이터에 잡초를 경작하는 동안
깨진 유리창을 붙들고 칠판의 낙서를 읽던

바람이 끝내 손가락을 베었다
뚝뚝 붉은 피를 흘리며 저무는 칸나의 계절

지나온 길을 뒤돌아보면
고삐 풀린 한 때의 시간들이
책가방을 흔들며
우르르 교문을 빠져나가고 있다

귀 로

슬퍼하지 말자
빈 도시락 속에서 달그락거리는 하루치의 노동을
서툴게 맨발로 살아낸 지폐 몇 장의 안도를
슬퍼하지 말자
핏줄의 실개천까지 졸졸 흘러갔다가
안개처럼 가슴으로 밀려드는 저녁술의 뒤늦은 취기를
추수 끝난 들판 같은 밤늦은 지하철의 빈 의자를
더는 슬퍼하지 말자
꽃이 무거워 허리가 휜 옛사랑의 쓸쓸한 뒷모습을
떠나온 고향 망초 무성한 어머니의 밭을
더는 슬퍼하지 말자
하루치의 노동을 베어 낸 가슴에는
다시 하루치의 슬픔이 자라나고
그 하루치의 슬픔을 베면서 새로운 하루를 사는 것이다
끝내 슬퍼하지 말자
아무도 기다리지 않는 어두운 방의 침묵을
침묵 속에 눕히는 또 하루의 적막을
끝내 슬퍼하지 말자

말에 대하여

잊지 말자, 우리 잊지 말자
잊지 말자는 그 말이
꽃 한 송이 지는 것보다 더 가벼운 일임을
너도 알고 나도 안다
그러면서도 헤어지는 자리에서는
잊지 말자, 영원히 잊지 말자
할 말이 잊지 말자는 그 말뿐임을
너도 알고 나도 안다
그러면서도 서로가 서로의 눈에서 멀어질 때까지
입버릇처럼 한사코 되뇌이는구나 우리는
잊지 말자, 잊지 말자고

회초리

종아리를 맞고 싶었네
모두들 집으로 돌아간
빈 교실에서 울음을 삼키며
서럽게 종아리를 맞고 싶었네
제멋대로 사랑하고
제멋대로 방랑하고
함부로 세상을 산 죄
그 벌을 받고 싶었네
백 대쯤 회초리를 맞고 싶었네
가을 깊은 토요일 빈 교실에는
먼지처럼 겹겹이 고요가 쌓였으나
싸늘한 초승달 꺾어 만든 회초리로
종아리 때려 줄 선생님은
끝내 보이지 않았네

대대포구

갈대밭에 들어서면
세상이 갈대소리뿐이다

대대포구 둑길을 지나면
끝없는 갯벌 위에 사금처럼 뿌려진
햇살 줍는 칠게들의 행렬 너머
무리 지은 칠면초는 언제나 붉어라

은빛 지느러미 퍼덕이는 바람이
가을을 한 다발씩 베어 넘기는
시월의 포구에서
아아, 누구에게든
때 이른 철새들의 안부라도 묻고 싶다

소금발이 밀리는 썰물의 저녁답
갈대밭을 나서도
세상은 온통
갈대소리뿐이다

겨울 승부역에서

정지된 풍경을 흔들며 막차가 떠나자
투명한 달팽이 껍질처럼
승부역의 시간은 텅 비었다

한 무리의 바람이 싸리비로
인적을 말끔히 쓸고 간 플랫폼에서
햇살 부스러기를 쪼고 있던
되새 몇 마리마저
흰 낮달이 얼어붙은 하늘로 사라지고

가파르게 어두워지는 산을 배경으로
우두커니 서 있는 나무들은 한 걸음씩
되새 떼가 날아간 곳으로 기울고 있다

9월

아이들의 노랫소리가 한 옥타브 높아졌다
늙은 호박넝쿨의 젖가슴이 담장 위에 쓸쓸하다
단풍나무 밑둥치에서 철 늦게 우화 중인 쓰르람 매미는
몇 번이나 세상을 울고 갈 수 있을까
명절이 가까워 조금씩 자리를 당겨 앉는 고향에선
오늘도 전어잡이 배들 어둠을 기다려
불도 없이 소리 죽인 포구를 떠나가겠다

빈 집

야트막한 담장 너머로
환히 넘어다 보이는
햇살 가득한 넓은 마당의
그 집이
나는 참 좋았다

세모시 한복을 단아하게 차려 입은
종갓집 종부가 마루에 앉아
두꺼운 돋보기로 책을 읽고 있지 않아도
마당가
붉은 모란꽃이 눈부시지 않아도
담장 위에
이끼 낀 고풍스런 기와가
전설처럼 얹혀 있지 않아도

늙은 회화나무 한 그루
행랑채에 등을 기댄 채 졸고 있는

아무도 살지 않는 그 집이
나는 참 좋았다

신 발

밤이 이슥토록 짚을 다듬어 아버지는
팔려 갈 소에게 짚신을 삼아 신기셨다

먼 길 갈 적에는 발이 편해야 한다고
멍에 얹혔던 목덜미를 가만히 쓸어 주셨다

내가 고향 떠나오던 날 아버지
새 운동화 한 켤레 건네주시고는
말없이 먼 산만 바라보셨다

멀 미

배가 흔들리는 것이 아니라
바다가 흔들리는 것이다

바다가 흔들리는 것이 아니라
세상이 흔들리는 것이다

세상이 흔들리는 것이 아니라
내가 흔들리는 것이다

산다는 것은
흔들고 흔들리며 가는 것
뱃전을 붙들고 지나온 날들을 토악질하며
자꾸만 흐려지는 마음을
제 뺨 때려 일깨우며 가는 것이다

유 배

바람 앞세워 떠나리라

가시울타리 두른
서너 평 띳집도 없는
외딴섬

아무도 기다리지 않는 적막 속으로
홀로
유배를 떠나리라

뱃멀미 동무 삼아
저 파도를 넘으리라
물새 발자국 어지러운 모래톱에
인생의 쉼표를 찍으리라

비 내리는 저녁에는 편지를 쓰리라
빌딩 숲에 갇혀서 조금씩 허물어지는

어제의 나에게
기나긴 편지를 쓰리라

순천역

순천역에 가면
꼭 누군가를 기다려야 할 것 같은 생각이 든다
파도소리 젖은 동백꽃 한 아름 안고
여수발 서울행 열차가 설레이며 지나가는 곳
부산발 목포행 열차가 동해 일출을 유달산의 노을로 끌고 가는 곳
신문 한 장 사 들고 대합실 의자에 다리 꼬고 앉아서
신문은 보지 않고 열차 도착시간표만 흘끔거리며
뒷모습만 남기고 떠나는 사람들의 쓸쓸한 발걸음 소리 들으며
얼굴 없이 돌아오는 사람들도 찬찬히 살펴보며
점심도 거른 채 밤 깊어
막차가 도착하고 난 한참 후까지
날마다 꼭 누군가를 기다려야만 한다는 생각이 든다

닮은꼴

무섭다
손바닥과 나뭇잎의
저 많은 닮은꼴

가만히 바람을 쥐는 것이며
팔랑팔랑 가볍게
시간을 놓아주는 것이며

손금의 그물에 갇혔다가
손등의 정맥을 따라 가슴으로 돌아가는
실핏줄 같은 울음이며

아무리 뒤집어 봐도 언제나 비어 있는
손바닥과 나뭇잎의 닮은꼴
무섭다

나는 이와 같이 들었다

어느 스님은 출가한 뒤 절에서
육십 년을 고무신만 닦고 있다고 한다

젊어서는 큰스님 고무신을
큰스님이 되어서는 아랫스님 고무신을
불목하니 허드레 고무신까지
수없이 닦다 보니 나중에는
대웅전 부처까지도 고무신으로 보이더라고 한다

평생을 닦아도 알 수 없고
보이지도 않는 것이 마음인즉
날마다 고무신을 깨끗이 닦는 것보다도
더 나은 수행이 어디에 있겠느냐는 그 스님

정작 구멍 난 자신의 고무신은 저만큼 밀어놓고
머리 쓰다듬는 불경한 햇살도 아랑곳하지 않은 채
절 안의 고무신을 죄다 모아다가
저물도록 목욕재계 시키고 있었다고 한다

운주사 와불

그대 들어본 적 있는가
화순 운주사 산등성이 와불이
곤한 잠 청하며 뒤척이는 솔바람 소리

세상 온갖 억울한 일 낱낱이
고해바치리라 찾아와 산 아래만
우두커니 내려다보고는 꺽꺽 울음 삼키며
터덜터덜 발걸음 소리 되돌아간 뒤

풍경이 제 소리에 놀라 자지러지는
적막한 오밤중에 실눈 뜬 와불이
쯧쯧 혀 차며 돌아누워 등 긁는 소리

그대 들어본 적 있는가
동 트기 전 누군가 천년 전의 돛을 몰래 올리고
철썩철썩 노 저어 세상으로 길을 잡는
저 배 뜨는 소리

호박꽃

그냥 무심히 지나치는 꽃이 있지
아무도 눈여겨보지 않아
꽃이어도 꽃이 아닌 것 같은 꽃이 있지
둥글고 커다란 열매를 달고서야
비로소 앉을 자리 하나 차지하는 꽃이 있지
꽃다방 미스 리의 여우같은 웃음에
사내가 애간장을 녹이는 시간에도
홀로 된장찌개 끓이는 아낙이 있지
펑퍼짐한 엉덩이에 세월을 깔고 앉아
울음의 껍질을 벗기는 아낙이 있지
밤이 이슥해서야 도둑고양이같이 기어드는 사내
그 사내의 꿈 한 자락 끼어들고 싶어서
갈라진 손등에 바셀린을 바르는 아낙이 있지
가을이 찾아오고 나서야
늙은 호박 그늘에 누워서 한여름 뙤약볕의
그 꽃을 추억하는 사내가 있지
늙은 호박 속으로 사라진

야무진 아낙을 그리워하는 사내가 있지
그 사내를 위하여 해마다
담장 위에 젖은 눈으로 피는 꽃이 있지
아무도 눈여겨보지 않아도
그냥 꽃이고 싶은 꽃이 있지

극빈의 저녁

석면가루 바람에 날리는
낡은 슬레이트지붕이 고즈넉한 집
단칸방을 빼끔이 들여다보면
붉은 천 끝단 댄 검정이불 한 채
개켜져 앉아 있는 덩그런 아랫목
냉골 삿자리 바닥은 사람 온기 덕을 보려 한다
헌 신문지로 도배한 바람벽에
유령처럼 걸려 있는 춘추 단벌 옷
호주머니 속에 꼬깃꼬깃 접어둔 오래된 그리움을
누군가 아직도 만지작거리고 있는지
부스럭거리는 소리가 이따금씩 들린다
비료 푸대 종이 덕지덕지 겹 바른 천장에는
쥐 오줌이 지도를 몇 번씩이나 덧그렸다
저 나무굴뚝에 저녁 짓는 연기가
소식을 끊은 지는 얼마나 되었을까
오랫동안 주인은 출타하고 없는지
봉창을 들여다보다 이내 자리를 뜨는

노루 꼬리만 한 햇살을 사립문 옆의
늙은 모과나무는 쉬었다 가라고 차마 붙잡지 못한다

외로움에 대하여

외롭다는 건
아직은 사랑할 힘이 남아있다는 게다
가슴 깊은 곳에 그리운 누군가를 지우지 않고 있다는 게다
외롭다는 건
멀미 나는 봄 아지랑이가
나무그늘을 쏠고 있는 쓰르라미 소리가
무리지어 떠나가는 백발의 억새꽃들이
아직은 출렁이는 바람소리로 살아있다는 게다
외롭다는 건
우리 살아가는 세상이
혼자서만 가는 길이 아니라는 게다

4

그대의 향기가 안개처럼 피어올라
뜰에는 온통 그대의 달빛이 가득하였네
눈 한 번 맞추지 못하였어도
손 한 번 잡아보지 못하였어도
사랑한다고 말 한마디 못하였어도
언제나 그대는 그리운 연인이었네

팽나무

처음 온 곳인데도
전혀 낯설지가 않다
전생에 이곳에서도
잠시 몸을 의탁한 적이 있었던가
수백 년은 족히 나이가 들었음직한
여러 아름드리 팽나무에 말없이 등을 기대본다
땅 밑에 묻힌 생들이 때 되어 승천하다가
잠시 목을 축이고 가는 주막이라도 되는 듯
덤덤히 그늘을 드리우고 서 있는
이 나무는 제 잎사귀만큼이나 많은
은빛 침묵을 숨기고 있다

산에 올라

내가 산을 오르는 것이 아니라
보이지 않는 손으로
산이 나를 끌어올리고 있다
나무며 바위며 연약한 풀잎까지도
힘껏 나를 산 위로 밀어올린다
살아오면서 지금껏
내 힘이라고 믿었던 것들은 이렇듯
보이지 않는 세상의 이끎이었음을
산봉우리에 올라와 비로소 깨닫는다
어린 새싹이 무거운 흙의 잔등을 밀어 올리고
햇볕에 얼굴을 드러낼 때까지
나는 그 누구에게
손가락 힘 하나도 보탠 적이 없었음을
산에 올라 비로소 뉘우친다

깃 발

세상을 펄럭이게 하는 것이
바람이라고 아무도 말하지 않았지만
세상을 휘어지게 하는 것은
바람이라고 아무도 말하지 않았지만
세상을 쓰러지게 하는 것도
바람이라고 아무도 말하지 않았지만
이제는 그 누구도
바람 부는 세상을 향해 깃대를 세우고
함부로 깃발을 내걸려고 하지 않는다

노을에 기대어

저 솔숲을
조용히 느끼며 지나가는 솔바람 같은
누군들
가슴 깊이 숨겨둔
한 줄기 울음이 없으랴

추운 하늘을 떠돌던
방황의 새들은 마른 나뭇잎으로
침묵의 대밭에 내리고
초겨울 짧은 햇살도
꿈꾸는 자들의 것이 이제는 아니리

그러나 사람들아
혼자서 저무는 황톳빛 노을에
등을 기대고
군불 때는 이 저녁의 쓸쓸함도
가끔은 사랑할 일이다

가슴 깊은 울음이
오롯이 나만의 것이듯
두지마을 뒷산에 안개처럼 내리는
이 어둠도
나만의 행복이므로

은행나무 아래서

저 아름드리나무도 처음에는
저리 생각이 무겁지는 않았으리라
봄바람에도 휘어지는 실가지에
천진한 연초록의 부끄러운 생각을 숨겼으리라
버려진 시간 위에 새로운 시간이 쌓여
뿌리가 깊어지는 지층처럼
생각은 가지를 뻗어 또 다른 생각을 매달고
생각과 생각이 부딪치는 힘으로
해마다 줄기가 굵어진 것이리라
가을바람이 머리를 흔들 때마다
우수수 떨어지는 저 무거운 생각들은
때로는 분노처럼 제 생각을
스스로 뒤덮는 소리 죽인 울음이기도 하리라

선암사

승선교 지나서
산문에 들어서면
세상의 바람은 남김없이 동안거에 들었다

머리 깎은 적막이 햇살을 줍고 있는
빈 절 마당은 찾아드는 누구에게나
편히 앉을 자리를 권한다

누각에 가부좌 튼 청동 범종이
푸른 녹으로 고치를 짓고 누에처럼
그 안에 천년의 울음을 가두고 있다

짝사랑

들꽃 한 다발 건네주지 못하였어도
그대는 그리운 연인이었네
서로 멀리 있음이 무슨 큰 의미랴
한 하늘 아래서 숨 쉬고 잠드는 그것만으로
나는 참 행복했었네
연애편지 한 장 건네주지 못하였어도
그대 생각날 때마다 부끄러웠네
봄밤에 남 몰래 열리는 꽃망울에도
그대의 향기가 안개처럼 피어올라
뜰에는 온통 그대의 달빛이 가득하였네
눈 한 번 맞추지 못하였어도
손 한 번 잡아보지 못하였어도
사랑한다고 말 한마디 못하였어도
언제나 그대는 그리운 연인이었네

쓸쓸한 날들의 터널

가로수길이었네
늘어선 왕벚나무 저희들끼리
힘겹게 가지를 마주 뻗어 터널을 만들고
서로의 체온을 나누어가며 흐르고 있네
이 길을 따라가면 그대 사는 곳
정미소 골목 끝에 빨간 양철지붕집
문득 그대 마주칠 것 같아 걸음을 멈추네
가로수길이었네
우두커니 서 있는 저린 가슴을 적시며
잠들지 못하는 저녁을 위하여 비는 내리고
길은 나를 이끌어 함께 흐르자 하네
나뭇잎 터널 위에 내리는 비는 길을 적시고
길가에 흩어진 시간을 적시고
왕벚나무 발목을 휘묻는 가을을 적시네
가로수 늘어서서 저무는 길이었네
이 저녁도 그대는 해진 어둠을 깁고 있는가
서로의 외로움을 껴안고 가로수 열 지어 흘러가듯이
쓸쓸한 날들은 나뭇잎 터널을 따라 걷고 있네

꽃 지는 뜰

꽃 한 송이 질 때마다
어디선가
요령소리가 들린다

꽃도 마지막 길에는
저 소리 하나 길잡이 하여
왔던 길보다도 갑절이나 먼 길을
더디 더디 돌아가는지

꽃 지는 뜰에는
세상에 없는
요령소리가 홍건하다

호 미

묵정밭 개망초 덤불 속에
죽은 듯이 엎드려 있는 호미 한 자루
두더지처럼 흙 속을 캄캄하게 뒤지고 다니다가
잠깐 잠든 사이, 녹이 갉아먹은 구멍 난 쇳날이며
이끼가 파랗게 주인의 온기를 감싸 안은 나무자루며
아직도 땀 냄새가 가시지 않았는데
손잡아 일으켜 주면 금방이라도 밭고랑 일구어
오지게 배추를 키워내고
쑥갓꽃도 샛노랗게 피울 법한
저 허리 굽은 무지렁이 농투성이는
비탈길 오르내리며 손톱 밑에 피가 맺히도록
김매고 잔돌 고르던 낯익은 아낙들 중
혹 누가 잠시 잊고 간 목숨의 한 모퉁이일까

국화도

섬이 백사장에 빨랫줄을 걸고
하얗게 젖은 파도소리를 널어 말리고 있다
사흘에 한 번
물방개처럼 통통거리며 들렀다 가는 육지 소식은
포장을 뜯지도 않은 채로 그냥 선창에 쌓여 있다
섬을 지날 때
해와 달도 허리를 구부리는 낮은 수평선
흰 구름에 어깨를 기대어 살던 늙은 부부가
대처 병원에 차례로 누운 뒤부터
언덕 위의 해국이 무리지어
바람을 맞이하고 배웅하는
섬의 원래 주인 노릇을 연습하고 있다

출 항

지붕에 기와를 올리고
네 귀퉁이 추녀 끝에 풍경을 달면서부터
기와지붕은 커다란 고래가 되었다
검게 빛나는 등으로
짙푸른 허공을 헤엄쳐 나아가는
고래의 사방에서 풍경이 울 때마다
숨죽이던 뭇 중생 물고기들 힘차게 흔드는
지느러미 소리가 하얗게 부서졌다
해탈의 바다를 수만 조각의 빛이
떼 지어 바람을 가득 싣고 어디론가 출항하고 있었다

순천만에서 너에게 쓴다

별량 첨산의 등 뒤로 석양이 가라앉으면
들판에 창궐하던 새 떼들은 어디론가 돌아가고
읽다 만 책을 덮듯이
갈대밭의 또 하루가 저문다

갈대와 더불어 흔들리는 동안
너를 향한 그리움도 많이 헐거워졌다
사람 사는 일이란
저 갯벌의 칠게와 짱뚱어처럼 종종거리며
하루 종일 뻘밭을 뒤지는 나날의 연속이지만
칠면초가 붉은 마디를 몰래 늘려가듯이
노을에 기대 서는 하루의 끝자락엔
갈댓잎마다 네 이름을 총총히 쓰는 것으로
쓸쓸한 저녁별을 마중한다

끝내 돌아오지 않으리라고
차창에 입김 불어 쓰고 또 썼던

내 스무 살의 전라선 밤 열차는 경적을 울리며
지금도 어느 산모퉁이를 돌아가고 있는지
그립다고 그립다고
물 위에 쓰고 또 썼던 네 이름은
지금도 어느 외딴섬 모래톱에 밀려들고 있는지
누구도 바람결에 전해 주지 않았으나
어느새 갈대꽃이 은발을 날리는 것으로 보아
나에게도 가을이 깊었음을 짐작할 뿐이다

해가 갈수록 희미하게 지워져가는 사람아
그리운 이름 하나 가슴에 품고
갈대들이 뒤척이는 바람을 잠재우는 갈대밭에서
날은 저물고, 나도 저문다

겨울 풍경

짧은 겨울 햇살을 오려서
문풍지를 바르다 말고
날 무딘 가위 하나
툇마루에 쪼그리고 앉아있다

이가 다 빠진 할머니가
지팡이를 찾아들고 사립문을 밀고 나서자
겨울바람 한 폭
뭉텅 잘려 골목에 쓰러진다

마루 밑의 늙은 개는
아궁이 온기를 배 밑에 깔고 엎드려
들고 나는 기척에는
온종일 별 관심이 없다

벌 목

손이 잘리고
발이 잘리고
끝내 목이 잘리고

우리들의 형벌은
새들 몰래 떠나는 것이다
몸통만 남아
흔들리며 가는 것이다

고추잠자리

장대 끝에 앉아서
가을비에 젖고 있는
빨간 자전거
한 대

허공을 달려온
짧은 생애가 무겁다

홍 시

아이들이 휘젓는 장대 끝에
찢어진 하늘
푸른 상처가 깊다

잎사귀 다 떨군 감나무 위에
잘 익은 빨간 피 서너 방울
찢긴 하늘 높이 맺혀 있다

잠 귀

절반은 햇살이, 나머지는 먼지가
나란히 쪼그려 앉은
고향집 툇마루
어쩌다 놀러오는 다람쥐처럼
어린 날의 풋잠이
도토리 떨어지는 소리에도 소스라쳐 깨듯이
해마다 가을에는
내 그리움의 잠귀가 밝아진다

풍 선

술 취해 귀가한 자정 가까운 시간
교대하러 찾아온 내일과 함께 현관문을 열면
하루치의 풍선들이 한꺼번에 우르르 쏟아져 나온다
온종일 풍선을 불던 집주인은
긴 손톱으로 시간들을 풍선 속에 가둬 놓고
지금은 어디로 간 것일까

문득, 몸이 가벼워진다 헬륨가스를 채운 듯
오늘의 목소리는 잠겨들고
내일이 지붕 위로 둥둥 떠오른다
검은 비닐봉지가 휩쓸고 다니는 살벌한 거리를
몸 낮춰 날아다니다가, 잠시 골목길에 숨어 있다가
묶인 끈에 이끌려 집으로 돌아오는
언제나 나는 작고 말랑말랑한 풍선이다
기억의 테두리를 멀리 벗어나지 못하는

춘궁의 유년

괘종시계 속에 살고 있는 늙은 난쟁이가
오두막을 나와 해머를 열한 번 휘두르면
허리 휜 고양이가 아버지를 업고 돌아왔다
마루 위의 달빛을 대충 쓸어낸 아버지는
동그랗게 몸을 말고 벽을 향해 누웠다
고양이털 알러지의 어머니 밭은기침 소리가
콩콩 뛰어다니는 단칸방 호롱불이 꺼지면
우리들은 눈이 까만 생쥐처럼
장롱 밑 어둠 속으로 숨어들었다
아버지의 술 냄새가 고요해질 때까지
뒷산 부엉이 날개 치는 소리를 들었다
허기진 잠 속에 개구리가 소리 죽여 울고
눈치도 없이 봄밤은 참 더디 갔다

하 늘

목화씨를 심을 때
호미로 다독거려 함께 묻었던
하늘 한 자락이 어느덧
비가 되어 어린 싹을 적시고
태풍 두어 개 지나갈 동안
목화는 자라서 꽃을 피웠다

너와 사랑도 시들해 가던
목화가 씨방에 흰 구름을 품을 무렵에
나는 비로소 하늘을 만났다
무거운 세상을 끌고 가다가 잠시
산봉우리에 걸터앉은 푸른 거인을 보았다

따뜻한 이별

노인병원 중환자실 구석 침대에
잎 진 담쟁이넝쿨 하나 허공을 붙들고 있다
산소호흡기에 숨을 맡기고 빈집을 홀로 지키는
외로워라 헝클어진 저 백발
가끔씩 문병 오던 풀벌레 울음은 종적이 끊어지고
적막한 시간들이 톱밥처럼 흩어진다
창밖에는 바람이 어둠을 몰고 다니는지
낙엽은 쓸쓸히 유리 창가를 서성이다 돌아가고
한강을 건너가는 가로등 행렬이
눈 덮인 세석평전 고사목같이
희미한 형광빛을 켜고 겨울을 지키는 이 밤
끈질기게 담쟁이 넝쿨을 붙들고 있는
저 검은 허공의 배후는 누구인가
한 생애, 스스로의 울음을 풀어 엮어 놓은
빈 거미줄 움켜쥔 앙상한 두 손에
이제는 따뜻한 이별을 쥐어 주자
텅 빈 시간을 찧고 있는 물방앗간을 지나서

내일로 접어드는 새벽강에

아무도 모르게 그믐달을 떠내려 보내듯

그리운 신풍리

풀벌레들이 온몸으로 울고 있다
내 유년의 토기화병 속에는
골목마다 먼지처럼 하얗게 떠드는 햇살 사이로
눈이 큰 마을 아이들이
송사리 떼같이 하늘을 은빛으로 뒤집고 있다

오후의 잔등을 타고 하학종이 울리면
재잘재잘 우차에 실려서
우산처럼 가지런히 접히는 아이들의 노래
금빛 노래에는 무지개가 걸리고
눈부신 물살 속을 건강한 알몸으로 부서져서
수천의 은실로 투명한 안개를 짜는
아이들의 웃음소리
종소리는 멀리멀리 숲을 흔들고

들판을 뒤덮은 만삭의 달빛
사금 반짝이는 개울로 소나기처럼 몰려다니던

지친 아이들의 몽당연필도 잠이 들고
밤이슬 별같이 엮어 가는 아이들의 꿈
배꽃으로 하얗게 차일을 치고
곡마단 난쟁이의 나팔소리가
꿀벌처럼 베갯잇에 잉잉대는데

어느새 허리 굵은 마을 아이들
붉은 수수밭에 고개 숙인 시월이
대소쿠리에 가득 내려앉는 들새 울음을
한 다발씩 햇살에 널어 말리는 오후
머리칼을 억새꽃처럼 휘날리며
중년의 바람은 언덕을 넘어가고
풀벌레들이 온 가을을 울고 있다
내 유년의 토기화병 속에는

우포늪

철새들이 떠난 우포늪에서
어부가 부지런히 뜰채질을 하고 있다
겨우내 철새들이 배설해 놓고 간
시베리아 동천(冬天)이
수초처럼 줄줄이 딸려 올라와
쪽배 위에 반짝이며 드러눕는다
조각조각 사슬로 엮인 채 철새를 따라와
이 늪에서 한철 잘 지낸 툰드라의 하늘이
젖은 날개가 무거워 다시 돌아가지 못하고
펄떡이는 미아가 되어 제풀에 녹고 있다
우수가 지나서야 실눈 뜨는 우포늪
이른 봄의 그물코는
햇살보다 촘촘하게 겨울바람을 걸러낸다